LA
PHYSIOLOGIE EXPÉRIMENTALE
ET LE
« ROMAN EXPÉRIMENTAL »

CLAUDE BERNARD & Monsieur ZOLA

Dʳ RENÉ FERDAS

LA
PHYSIOLOGIE EXPÉRIMENTALE
ET LE
« ROMAN EXPÉRIMENTAL »

CLAUDE BERNARD & Monsieur ZOLA

PARIS
HURTAU, ÉDITEUR
12 A 15, GALERIES DE L'ODÉON

1881

LA PHYSIOLOGIE EXPÉRIMENTALE

ET LE

« ROMAN EXPÉRIMENTAL »

CLAUDE BERNARD & M. ZOLA

M. Zola, romancier bruyant, s'est imaginé de détacher quelques phrases d'un livre de Claude Bernard et de les délayer dans un magma filandreux qu'il a appelé : *Le Roman expérimental* ; il a accompli cette cuisine dans le but de composer une mixture destinée à être avalée par le bon public. Tout est donc possible aujourd'hui : il ne nous semblerait pas maintenant extraordinaire qu'un docteur ingénieux s'avisât un jour de nous servir un nouveau système de médecine en distillant quelques passages de l'*Assommoir* et en se retranchant adroitement, dans tous les cas, derrière l'autorité de M. Zola.

Certes, nous, les élèves de Claude Bernard, qui l'avons connu, aimé et suivi, qui travaillons chaque jour à l'œuvre qu'il nous a léguée, nous avions bien entendu dire que les chroniqueurs des gazettes périodiques faisaient quelque tapage autour d'un romancier, lequel, racontaient-ils, essayait de justifier la forme et l'esprit de ses élucubrations littéraires en se proclamant le disciple et le continuateur de Claude Bernard ; nous trouvions que les chroniqueurs avaient beaucoup d'imagination et de malice. Mais voici qu'on est venu nous affirmer que tout cela était sérieux et que le romancier en question avait publié un *livre* dans lequel il s'appliquait à donner une explication de ses prétentions et à mettre leur légitimité en évidence. Nous avons acheté ce livre par curiosité et nous n'exagérons rien en affirmant très sincèrement qu'après l'avoir lu, nous sommes resté pendant plusieurs jours dans un état d'étonnement, de stupéfaction, d'où il ne nous a été possible de sortir qu'après un examen approfondi de l'élucubration « expérimentale » de M. Zola.

Si ce livre n'était pas là, sur ma table, si je ne pouvais pas le toucher, l'ouvrir, si cela enfin n'était pas *imprimé*, je croirais encore par instants être le jouet d'une hallucination fantastique. Je demeurerais même encore aujourd'hui ahuri sous le coup étourdissant que le factum de M. Zola m'a asséné, si je ne pensais qu'il est réellement scandaleux et triste de voir le bon sens public aussi impudemment berné et si, d'autre part, je n'avais devant moi l'austère et bonne figure de notre vénéré maître Claude Bernard qui semble m'encourager de son doux et mélancolique sourire à débarrasser sa mémoire de la promiscuité monstrueuse que M. Emile Zola a eu l'indécence de lui infliger.

Pour que mes lecteurs, traîtreusement embourbés par M. Zola, puissent émerger au-dessus de la pâteuse logomachie du « Roman expérimental, » pour qu'ils puissent aisément me suivre, il est tout d'abord nécessaire que je leur expose brièvement l'œuvre de Claude Bernard.

Cl. Bernard est le plus grand physiologiste des temps modernes ; par le secours d'expériences habilement conduites sur des animaux, il a pénétré très avant dans le mécanisme de nombreuses fonctions organiques jusqu'alors obscures, telles que les fonctions du foie, de la moelle épinière, des nerfs moteurs et sensitifs ; ses leçons sur les substances toxiques, les anesthésiques, l'asphyxie, la chaleur animale, le diabète, etc., sont des monuments impérissables, il a écrit d'admirables pages sur la méthode à suivre dans l'expérimentation physiologique, en un mot, sur la méthode expérimentale, c'est-à-dire sur la façon d'interroger la nature et de lui arracher ses secrets en expérimentant sur des animaux vivants.

Autrefois, pour expliquer la fonction d'un organe ou d'un élément anatomique, on se contentait d'hypothèses plus ou moins vagues; la constatation d'un phénomène fonctionnel était généralement assez bien *observée*, mais chaque observateur apportait à l'observation des interprétations diverses, des idées particulières préconçues, de sorte que la physiologie, et par conséquent la médecine dont elle dérive, se trouvaient livrées à une foule de systèmes, à un empirisme plus ou moins grossier. L'illustre Magendie, au commencement de ce siècle, eut la gloire de réagir le premier contre l'empirisme scientifique, et Claude Bernard, qui fut le préparateur de Magendie, et qui lui succéda ensuite dans sa chaire, devint le législateur d'une nouvelle méthode dans la détermination précise des phénomènes et des fonctions de la vie animale. Il montra, en effet, que lorsqu'on veut connaître le fonctionnement d'un organe ou d'une partie d'un organe vivant, il faut, en premier lieu, s'astreindre à une *observation rigoureuse* et qu'il est besoin de faits exactement vus et sincèrement notés. Il fit remarquer que l'observateur reste inactif vis à vis du phénomène physiologique, de telle sorte que l'observation pure est vite épuisée et qu'elle est le plus souvent impuissante à fournir la solution du problème posé. Le physiologiste devient, à un certain moment, impatient de pénétrer plus avant; alors il *expérimente*, c'est-à-dire qu'il procède, en soumettant l'organe observé à une *vivisection* (ablation, ligature, brûlure, etc.) ou à l'action d'un poison déterminé (curare, strychnine, etc.). Ce faisant, l'expérimentateur amène, on le conçoit, un certain trouble dans le fonctionnement régulier de l'organe; dès lors, il lui faut faire pour ses conclusions finales un certain nombre de *corrections* nécessaires en présence des lésions provoquées et aussi en présence de la nature différente des animaux soumis à l'expérimentation (chien, lapin, grenouille, etc.). C'est ainsi qu'on peut arriver à faire *répondre* clairement l'organe interrogé. — Mais la besogne de l'expérimentateur n'est pas encore terminée. L'expérience a donné en dernière analyse *un fait*, absolument comme dans l'observation pure, car, ainsi que l'a dit Cl. Bernard, l'expérience est une observation prolongée. Or, ce fait, on peut encore l'interpréter diversement et faussement. Pour éviter les erreurs, il est nécessaire que le fait expérimental soit exactement déterminé, qu'il ait, selon l'expression de Cl. Bernard, son *déterminisme expérimental*. Cela veut dire qu'il faut préciser, déterminer rigoureusement les conditions dans lesquelles le fait se manifeste, de façon qu'en se plaçant dans des *conditions toujours identiques*, on puisse le *reproduire à volonté*.

Telle est en quelques mots l'esquisse générale de la méthode expérimentale de Cl. Bernard, méthode suivant laquelle on étudie chaque jour dans les laboratoires de physiologie les fonctions du cœur, des vaisseaux, des organes de la digestion, du système nerveux et de tous les autres systèmes de l'économie et grâce à laquelle la physiologie, la médecine et la thérapeutique ont fait depuis vingt ans des progrès si considérables.

— Pourra-t-on dès lors ne pas partager ma profonde stupeur en entendant un romancier qui a écrit les *Contes à Ninon*, le *Bouton de rose*, la *Faute de l'abbé Mouret*, l'*Assommoir*, *Une page d'Amour*, *Nana*, etc., se prétendre le disciple de Claude Bernard ? — Assimiler un procédé de style à un procédé de vivisection sur un animal vivant.... Qu'est-ce à dire ? cela ne relève-t-il pas directement de la pathologie mentale ?

Il faut donc le constater. Un certain jour, quelque hasard capricieux a fait tomber entre les mains de M. Zola le livre de Claude Bernard : *Introduction à l'étude de la médecine expérimentale*, et, du coup, M. Zola eut le cerveau notablement contusionné.

Voilà, s'est-il écrié, « un livre d'un savant dont l'autorité est décisive », ce livre va « me servir de base solide », il sera « le terrain sur lequel je m'appuie ».

Et la chose lui a paru éminemment simple :

« Ce ne sera donc qu'une compilation de
» textes, car je compte sur tous les points me
» retrancher derrière Cl. Bernard. Le plus
» souvent, il me suffira de remplacer le mot
» *médecin* par le mot *romancier* pour rendre
» ma pensée claire et lui apporter la rigueur
» d'une vérité scientifique ».

Je signale le procédé de M. Zola ; il est élémentaire et par conséquent à la portée de tous les corps de métier de la société. Supposez, par exemple, qu'un ouvrier de la compagnie nocturne que M. Zola connaît bien, ait l'ambition de composer un traité didactique sur les matières de sa profession, il n'aura évidemment qu'à prendre l'« Introduction à l'étude de la médecine expérimentale » de Cl. Bernard, et il lui suffira de remplacer le mot *médecin* par le mot *vidangeur*, pour rendre sa pensée claire, et lui apporter la rigueur d'une vérité scientifique.

En somme, ainsi que le dit très bien M. Zola, il n'y a à faire en tout ceci « qu'un travail d'adaptation. » — Veuillez toutefois prononcer *adaptation* à la façon britannique : « *adaptécheune*. »

Oui, « l'adaptation » de M. Zola est d'un artifice commode et facile à suivre pour tous ceux qui voudront en essayer ; il ne s'agit que de redire de temps en temps, à l'instar de M. Zola :

« Je ne saurais trop répéter que je prends tous mes arguments dans Cl. Bernard. »

Ou bien, il suffit de reproduire une page absolument quelconque du traité du célèbre physiologiste, en ajoutant :..... « J'ai donné toute cette page parce qu'elle est de la plus haute importance. »

On peut encore se contenter de faire précéder simplement cette page de ces quatre mots : « Ecoutez ces lignes d'introduction. »

Autre exemple « d'adaptation » :

« Telle est la réponse que Cl. Bernard fait pour nous, romanciers naturalistes. Tout cela s'applique au roman expérimental. Mettez ici le mot *roman* à la place du mot *médecine* et le passage reste vrai. »

Enfin, si l'on veut atteindre le comble de l'art dans « l'adaptation », voici comment il faut procéder, en prenant M. Zola pour guide et pour modèle.

« Ce que j'ai répété vingt fois : que le natu-
» ralisme n'était pas une fantaisie personnelle,
» qu'il était le mouvement même du siècle,
» Cl. Bernard le dit aussi avec plus d'autorité
» et peut-être le croira-t-on..... »

Suit un long extrait de Cl. Bernard dans lequel, bien entendu, il n'est pas le moins du monde question de ce fait, à savoir que le naturalisme n'est pas une fantaisie personnelle de M. Zola et qu'il est le mouvement même du siècle. Cl. Bernard y traite simplement des avantages de la méthode expérimentale dans les sciences. Mais cela importe peu ; il est certain, en effet, que M. Zola aurait aussi bien pu citer sept cent soixante-dix-neuf autres pages de Cl. Bernard pour prouver que le naturalisme est le mouvement même du siècle, etc.; il avait cette page-là sous la main, ce n'était pas la peine d'en chercher une autre.

Il n'est donc pas indispensable d'être bien malin pour *adapter* Cl. Bernard ; l'essentiel est de « connaître le truc ».

En parcourant le « Roman expérimental, » je me suis posé plusieurs questions. M. Zola envisage-t-il sérieusement le public comme une collection de pauvres d'esprit, ou bien est-il lui-même un naïf et un inconscient ? — A-t-il enfin *compris* les phrases de Cl. Bernard qu'il a découpées aux ciseaux pour les encadrer dans sa prose ?

C'est ce que nous allons voir.

Dès le début de sa vaste étude sur le « Roman expérimental », M. Zola immerge au milieu de plusieurs pages épaisses les idées que Claude Bernard a exposées après Lavoisier, à savoir que les phénomènes qui se passent dans les corps bruts sont identiques à ceux qui se passent dans les corps vivants. Puis reprenant haleine, il annonce avec satisfaction que le « terme de toute recherche » scientifique est donc identique pour les » corps vivants et les corps bruts. »

Quel rapport peuvent bien avoir les corps vivants et les corps bruts avec le roman dit expérimental ? M. Zola reste muet sur ce point. Il me paraît dès lors assez clair que M. Zola n'a aucune notion de ce que Cl. Bernard a entendu dire par corps vivants et corps bruts. Qu'il sache donc désormais que *corps vivants*, cela veut dire les *animaux* et les *végétaux*, et que *corps bruts*, cela veut dire les *minéraux*.

Un peu plus loin, M. Zola dit que Cl. Bernard a établi que la méthode expérimentale peut être appliquée en chimie et en physique aux corps bruts, et il ajoute gravement : « ..... C'est ici le point important que je vais examiner avec Claude Bernard ».

N'est-ce pas que c'est à mourir de rire ou tout au moins à s'en trouver mal ?

Lorsque M. Zola essaie de comparer l'expérience entreprise par le physiologiste sur un animal vivant à un roman (à un de ses romans), cela devient du délire, de la haute divagation.

Ainsi, Cl. Bernard parle dans son livre des divers procédés qu'on peut employer dans les laboratoires pour l'expérimentation des animaux, et il a soin de faire remarquer à ce propos la différence qui existe entre l'expérimentateur en physiologie, en physique et en chimie, c'est-à-dire entre celui qui possède dans ses mains des instruments, des outils pour modifier les phénomènes dont il veut découvrir le mécanisme élémentaire, et le travailleur qui dans certaines sciences, en est réduit à l'observation pure. Par exemple, dit Cl. Bernard, l'astronomie est une science purement d'observation parce qu'on ne conçoit pas un astronome *agissant* sur les astres.

M. Zola a cité inconsciemment tout ce passage de Cl. Bernard, et savez-vous quelle est la conclusion qu'il en tire ?

La voici dans toute sa beauté :

« Eh bien, *en revenant au roman*, le roman-
» cier est fait d'un observateur et d'un expé-
» rimentateur..... L'expérimentateur paraît et

» institue l'expérience, je veux dire fait mou-
» voir les personnages dans une histoire parti-
» culière.... Il est indéniable que le roman
» naturaliste est une expérience véritable que
» le romancier fait sur l'homme en s'aidant
» de l'observation... Un fait observé devra
» faire jaillir l'idée de l'expérience à instituer,
» du roman à écrire.... »

Faire mouvoir des personnages dans une histoire particulière; écrire un roman naturaliste, etc., c'est instituer une expérience !

Voyons, franchement, est-ce assez trouvé ?

Voyez-vous Claude Bernard au tablier sanglant, un scalpel à la main, penché sur les entrailles d'un animal convulsé, Claude Bernard pensif, interrogeant la vie, comparé à M. Zola écrivant :

« Coupeau avait rendu tripes et boyaux, il
» y en avait plein la chambre, le lit en était
» emplâtré, le tapis également et jusqu'à la
» commode qui se trouvait éclaboussée... »

Voyez-vous Claude Bernard formulant les lois du fonctionnement précis des organes, rapproché de M. Zola ciselant cette apostrophe au père Colombe :

« Dites donc, espèce de Borgia, donnez-
» moi de la jaune, de votre pissat d'âne pre-
» mier numéro.... »

Ou cette autre :

« Ah ! bien ! il n'est pas poivre, non, c'est que
» je tousse. Moi je m'esbigne, vous savez, je n'ai
» pas envie qu'il me secoue les puces. Tiens,

» il a piqué une tête ! Dieu de Dieu s'il pou-
» vait se casser la gueule !.... »

***

Où les paroles de M. Zola deviennent précieuses à enregistrer, c'est lorsqu'il nous apprend le point auquel il en est arrivé :

« J'en suis arrivé à ce point, dit-il, le roman
» expérimental est une conséquence de l'évo-
» lution scientifique du siècle, il conti-
» nue et complète la physiologie, qui elle-
» même s'appuie sur l'étude de la chimie et de
» la physique. »

Ainsi voilà qui est bien net, le roman expérimental continuant et complétant la physiologie, il est désormais du devoir de M. Béclard, l'éminent professeur de physiologie de la Faculté de médecine, de M. Laborde, le chef des travaux physiologiques, de MM. Mathias Duval et Charles Richet, les professeurs agrégés de physiologie, et de M. le député Paul Bert, professeur de physiologie à la Sorbonne, de demander sans retard au ministre de l'instruction publique la création d'une chaire de Roman expérimental à l'École de médecine de Paris. M. Zola est naturellement désigné à l'avance pour s'y asseoir magistralement.

Le nouveau professeur, entouré d'une foule studieuse de jeunes élèves, avides de continuer et de compléter leurs notions de physiologie, expliquera dans son cours « toutes les allu-
« sions extraordinaires qu'on peut mettre sous

» des paroles simples comme celles-ci : *Ma*
» *pince est fendue. Qu'est-ce qui a fouillé dans*
» *mon petit pot ?* » Il leur fera comprendre la
vérité saisissante de cette image. » Le trac lui
serra les fesses ». — Il leur dira enfin tout le
parti que la physiologie peut tirer de ce moyen
ingénieux :.... « se faire coller un œil de verre
« quelque part pour surprendre son monde ».

Il y aura encore de beaux jours pour la science.

***

Vraiment, en continuant la lecture de l'ouvrage de M. Zola, il est impossible de ne pas constater que le pontife du « naturalisme » finit par atteindre les dernières hauteurs du ridicule empesé. Ebloui et grisé par les belles pages de Cl. Bernard où il ne voit que des mots sans en comprendre le sens, M. Zola se lance lui-même dans des appréciations scientifiques. Ici, il me devient sincèrement pénible d'étaler tant de naïveté et d'ignorance. — Je cite au hasard.

« Quand Cl. Bernard parle des vérités res-
» treintes et précaires de la science biologique,
» on peut bien confesser que les vérités de la
» science de l'homme, au point de vue intel-
» lectuel et passionnel (?) sont plus précaires
» et plus restreintes encore ».

Ne pas savoir que *science biologique* veut dire *science de la vie*, et que par conséquent ce mot renferme la *science de l'homme* à tous les points de vue !

« Sans me risquer à formuler des lois —
» écrit sérieusement M. Zola — j'estime que
» la question d'hérédité a une grande in-
» fluence sur les manifestations intellectuelles
» et passionnelles (??) de l'homme. Je donne
» aussi une importance considérable au mi-
» lieu ».

M. Zola découvre sans efforts l'importance de l'hérédité et du milieu ; il en fait part au public avec une exquise modestie et, certes, il n'en est pas plus fier pour ça : il ne se risque pas à formuler des lois. Notez que c'est avec la même gravité qu'il lance cette grosse révélation : « Je crois que le milieu social a une importance considérable ». — Ah ça, M. Zola, ce n'est pas vous également qui avez inventé la poudre ?. — Il faudrait le dire !

Je cueille çà et là.

« Quand on aura prouvé que le corps de l'homme est une machine.... » — Comment, vous ne savez pas que c'est prouvé il y a bel âge ? — « .... il faudra bien passer aux actes passionnels (???) et intellectuels de l'homme...» — Mais on y a passé ; on y passe tous les jours, mon cher Monsieur. — « On a la chimie et la physique expérimentales, on aura la physiologie expérimentale...» — Cet excellent M. Zola ignore évidemment que dans toutes les Facultés et les Ecoles de médecine de France et de l'étranger existent depuis longtemps des chaires de physiologie expérimentale ; à Paris, il y en a trois : une à la Faculté, une à la Sorbonne et une autre au Collège de

France. A l'école, M. Zola ! — «... plus tard encore, on aura le Roman expérimental. » Professeur, M. Zola (voir plus haut).

En vérité, tout cela est peut-être plus triste que comique. Quand on entend M. Zola inventer les « *actes passionnels et intellectuels* », les « *manifestations cérébrales et sensuelles* », les « *phénomènes intellectuels et personnels* », on se demande s'il est décemment permis de faire étalage à ce point d'une nullité si solennelle.

« Cl. Bernard a fait de grandes découvertes, » dit quelque part M. Zola, et il est mort » en avouant qu'il ne savait rien ou presque » rien ».

Vous pourrez peut-être dire cela quand vous mourrez, M. Zola — car tout est possible, — mais Cl. Bernard n'a jamais exhalé les doléances que vous lui prêtez. Rectifiez ou sinon je vous baptise le Loriquet de l'histoire de Claude Bernard.

***

Veut-on que je démontre de la façon la plus péremptoire que M. Zola n'a pas compris un traître mot du livre de Claude Bernard, — « terrain sur lequel il s'appuie » et qui « lui sert de base solide » ? — Ce me sera un simple jeu :

« La science expérimentale, dit M. Zola, » en paraphrasant Claude Bernard — NE DOIT » PAS S'INQUIÉTER du *pourquoi* des choses ; elle » explique le *comment*, pas davantage. (*Le* » *Roman expérimental*, page 3). »

« .... Toutes ces considérations sont strictement applicables au roman expérimental. Pour ne point s'égarer dans les spéculations philosophiques, pour remplacer les hypothèses idéalistes par la lente conquête de l'inconnu, IL DOIT S'EN TENIR A LA RECHERCHE du *pourquoi*, c'est là son rôle exact, c'est de là qu'il tire, comme nous allons le voir, sa raison d'être et sa morale... » (Page 21.)

» .... Notre rôle d'être intelligent est là, PÉNÉTRER le *pourquoi* des choses pour devenir supérieur aux choses et les réduire à l'état de rouages obéissants. » (Page 23.)

» .... Nous sommes des ouvriers, NOUS LAISSONS AUX SPÉCULATEURS CET INCONNU du *pourquoi* où ils se battent vainement depuis des siècles POUR NOUS EN TENIR A L'INCONNU du *comment* qui, chaque jour, diminue devant notre investigation. » (Page 39.)

» Dans le roman expérimental on doit... NE PAS SORTIR DU *comment*, NE PAS S'ATTACHER AU *pourquoi*. » (Page 44.)

Quod erat demonstrandum.

Non content d'avoir aligné des phrases et des idées contradictoires dans le chaos desquelles il aurait peine à se comprendre lui-même; non content d'avoir tenté de défigurer grossièrement Cl. Bernard, M. Zola essaie, comme dernier exploit, de décocher à l'illustre physiologiste le coup de pied de l'âne. Après s'être dépensé en « adaptation », il veut s'escrimer à la *réfutation*.

Cl. Bernard écrit : « Pour les arts et pour les lettres, la personnalité domine tout. Il s'agit là d'une création spontanée de l'esprit et cela n'a rien de commun avec la constatation des phénomènes naturels dans lesquels notre esprit ne doit rien créer. »

Ah ! pour le coup, s'écrie finement M. Zola, » je surprends un des savants les plus illustres » dans ce besoin de refuser aux lettres l'en- » trée du domaine scientifique. »—Cl. Bernard n'a certainement jamais eu la pensée « de re- » fuser aux lettres l'entrée du domaine scien- » tifique. » Cl. Bernard était un littéraire par excellence, ses œuvres scientifiques sont des modèles de style, d'admirables chefs-d'œuvre de la langue française, dans lesquels, suivant l'expression de M. J.-B. Dumas, l'imagination du poète se mêle à la rigueur du géomètre. — M. Zola ayant écrit une douzaine de romans plus ou moins pornographiques, éprouve le besoin de réclamer son « entrée dans le domaine scientifique, » et il ajoute avec une outrecuidance monumentale : « Je ne sais de quelles lettres » Cl. Bernard veut parler dans sa définition. » Sans doute il songe à la poésie lyrique, *car* » *il n'aurait pas écrit la phrase en pensant au* » *roman expérimental*, aux œuvres de Balzac, » de Stendhal. »

Or çà, vous conviendrez qu'il ne faut pas être le premier venu, c'est-à-dire qu'il faut être M. Zola pour avoir eu l'idée de ce tableau saisissant : Cl. Bernard arrêtant sa plume et n'écrivant pas une phrase sous le coup de vagues pressentiments à la pensée de la publication future du « Roman expérimental. » (Prix : trois francs cinquante) !

Lorsque Cl. Bernard définit ainsi l'artiste : » C'est un homme qui réalise, dans une œuvre d'art, une idée ou un sentiment qui lui est personnel, » M. Zola répond avec cette simplicité ferme, caractéristique du génie qui s'impose : « Je repousse absolument cette définition. »

« Ainsi, continue M. Zola, dans le cas où
» je représenterais un homme qui marcherait
» la tête en bas, j'aurais fait une œuvre d'art,
» si tel était mon sentiment personnel. Je se-
» rais un fou, pas davantage..... On pourrait
» appeler artistes expérimentateurs ceux qui
» tiendraient compte de l'expérience, etc... »

La piètre argumentation de M. Zola est bien commode à culbuter.

Qui ne se souvient du tableau de M. Bulteau, exposé il y a deux ans, je crois, — intitulé *un Caprice hygiénique*, et représentant une femme nue marchant sur les mains ? — C'est là, il me semble, une œuvre d'art originale.

Qui ne connaît les curieuses lampes du musée de Compiègne, sur lesquelles l'artiste de Pompéi a sculpté de sveltes femmes appuyées sur les mains, les reins infléchis et les jambes retombant en avant, de façon

— 23 —

que les pieds reposent presque sur le sommet de la tête ? Carlier s'est inspiré de ce gracieux modèle pour ciseler de charmants bougeoirs qui sont d'une remarquable élégance artistique.

Par exemple, quelqu'un qui ne ferait réellement pas une œuvre d'art, serait celui qui représenterait M. Zola avec des ailes.

***

Je m'arrête ici ; je pourrais plonger plus avant le scalpel dans le roman morbide de M. Zola, mais il deviendrait malsain d'y fouiller plus longtemps.

Il y a des gens qui fabriquent du chocolat avec de la brique pilée, d'autres qui font du lait avec de la cervelle de cheval ; tous ces industriels gagnent de l'argent. M. Zola, lui, triture les feuillets d'un livre de Cl. Bernard, il les graisse avec sa prose spéciale et il débite le tout avec une étiquette aussi baroque que vide de sens ; cela lui a déjà, dit-on, pas mal rapporté.

Sérieusement, M. Zola, avant de parler au public de « physiologie », d' « expérience, » d' « expérimental, » etc., il serait bon d'aller d'abord apprendre ce que cela veut dire.

Paris. — Imp. Dubuisson et Cⁱᵉ, rue Coq-Héron, 5. — 9964

www.ingramcontent.com/pod-product-compliance
Lightning Source LLC
Chambersburg PA
CBHW061526040426
42450CB00008B/1806